Georg Wilhelm Zapf

**Die Franzosen in Biburg im Jahr 1796 an das Direktorium zu Paris**

Georg Wilhelm Zapf

**Die Franzosen in Biburg im Jahr 1796 an das Direktorium zu Paris**

ISBN/EAN: 9783744702393

Hergestellt in Europa, USA, Kanada, Australien, Japan

Cover: Foto ©ninafisch / pixelio.de

Weitere Bücher finden Sie auf **www.hansebooks.com**

# Die
# Franzosen in Biburg
## im Jahr 1796,
### an das
## Direktorium zu Paris.

### Vom
### Geheimenrath Zapf.

---

Leget die Lügen ab, und redet die Wahrheit, ein jeglicher mit seinem Nächsten, sintemal wir alle unter einander Glieder sind.

Paulus.

---

# Bürger Direktoren!

Erstaunen Sie nicht darüber, wenn ich es wage, an Sie zu schreiben, und öffentlich zu schreiben, und beschuldigen Sie mich deswegen keiner Unwissenheit oder gar Grobheit, weil ich Sie in Ihren wichtig scheinenden Geschäften dadurch unterbreche, sondern seyn Sie vielmehr überzeugt, daß ich gar wohl begreife, welche Geisteskräfte erfordert werden, eine Republik zu gründen, an deren Gründung vielleicht noch nicht einmal recht angefangen worden, um eine vorhin mächtige Monarchie zu metamorphosiren. Doch dies sind Dinge, die eigentlich nicht zu meinem Zwek gehören, bey denen ich überhaupt neutral bleibe, und einen andern darüber philosophiren lasse. Inzwischen bleibt so viel richtig, daß die zur Zeit noch unter Ihnen selbst herrschende Uneinigkeiten, beinahe keinen Zweifel übrig lassen, daß Sie nicht noch das alte System wieder selbst einführen werden. Dies nur im Vorbeygehen. Erlauben Sie also, Bürger Direktoren! daß ich mich mit Ihnen über andere Gegenstände unterhalten darf, über Gegenstände, die dennoch, wenn sie auch gleich für die französische Nation unrühmlich seyn mögen, Ihrer Aufmerksamkeit in verschiedener Rüksicht merkwürdig seyn können. Allein es ist dieses, was ich hier liefere, gleichsam nur ein Fragment, weil es nur ein einziges Ort betrift, zu einer künftig zusammenhängenden Geschichte. Mehrere Gelehrte Schwabens beeifern sich, Materialien hiezu zu liefern, aus denen erst ein ganzes Gebäude zum Andenken an diesen merkwürdigen Zeitpunkt errichtet werden wird. Die spätesten Enkel sollen erfahren, was ihre Voreltern erlebten, was sie erlitten. Ueberliefert man die Thaten wahrer Kriegshelden, die sich durch Tapferkeit ausgezeichnet, und Siege erfochten haben, ohne sie mit Gold aufzuwägen und zu erkaufen, auf die Nachwelt; so wird es auch erlaubt seyn, Handlungen der Nachkommenschaft zum Andenken zu überliefern, welche die Menschheit entehrten, und Handlungen, welche sich eine Nation zu Schulden kommen lies, von der man vorher, ehe die unselige Revolution begann, höhere Begriffe hatte. Ich nenne diese Revolution unselig, weil sie nach der Hand ausartete, weil sie auf wahre Kindereien, und von dieser auf alle

alle Arten von Grausamkeiten verfiel. Gönnen Sie mir also Ihre Aufmerksamkeit, und sollte ich mit meiner Unerschrokenheit und Freimüthigkeit, mit welcher ich mit Ihnen sprechen werde, nicht bey allen Beifall finden; so hoffe ich doch bey einzelnen edlern Invidiuen des Direktoriums denselben nicht ganz vereitelt zu sehen. Die französische Nation schmeichelte sich ja, die Rechte der Menschheit auf den Thron zu sezen; verfehlte aber das Ziel, und würdigte sie vielmehr tief, und sehr tief durch unedle, ja schändliche Handlungen herunter. Die täuschende Freiheit und Gleichheit, die so manches Schwindelhirn bethörte, ohne Begriffe davon zu haben, war nichts anders als ein süßer, und leerer Traum, der das Lächerliche an der Stirne trug, und sich selbst brandmarkte. Der Verfolg dieses Schreibens, das ich Ihnen öffentlich vor Augen zu legen mich wage, und das ich Ihrer Ueberlegung und Beurtheilung überlasse, soll Sie, Bürger Direktoren! wie ich hoffe, vollkommen davon überzeugen. Allein, ich rechne bey Ihnen noch auf menschliches Gefühl, auf Ehre, auf Selbstprüfung, ohne welches sonst freilich mein Schreiben verdammt, und dem Scharfrichter zum

würde mich ein solches Verdammungsurtheil kränken, wenn ich durch daſſelbe meine gute Abſichten, Mitleid gegen ſchuldloſe Menſchen bey Ihnen zu erregen, vereitelt ſehen müßte. Doch, wer nichts wagt, der gewinnt nichts, und gewinne ich auch nur einige edle Seelen unter Ihnen, die auf meine Seite treten, und ſagen, der Mann hat Recht; ſo habe ich meine Abſichten, wo nicht ganz und vollkommen, doch zum Theil erreicht. Haben Sie alſo Nachſicht mit mir, und ſchreiben Sie es meinem Gefühl zu, wenn mich manchmal mein Eifer hinreißt, daß ich ſcharf und eindringend ſchreibe. In dieſem Fall erwarte ich von Ihnen Verzeihung, denn ganz ohne Gefühl kann man über die Handlungen, die ſich der gröſte Theil Ihrer Nation zu ſchulden kommen lies, nicht weggehen, ohne nicht fühllos zu ſeyn. Das Herz muß ſich bey jedem Andenken an dieſelbe empören, das Blut muß in Wallung gerathen. Ich bin gewiß nicht der erſte, aber auch nicht der lezte, der die Feder ergriff, um dieſe Unmenſchen zu ſchildern, wie ſie waren. Aber ich werde auch das Gute nicht verſchweigen, wodurch ſich einige Individuen auszeichneten, und ich wünſchte, daß ſich alle ſo ausgezeichnet hätten, ſo hätte der ſchuldloſe

Land-

Landmann nicht darunter leiden dürfen, und Ihnen hätten sie keine Unehre gemacht, und zu keinen Vorwürfen Anlaß gegeben. Worinn diese Vorwürfe bestehen, und daß man sie Ihnen mit Recht machen kann, das werden Sie am Ende dieses Schreibens lesen.

Am 27 April dieses Jahrs, werden es 5 Jahre, daß das hiesige kleine Dorf die Last des Kriegs zum erstenmal fühlte, und in der Folge mit Durchzügen, Einquartierungen, Mannschaftstellen u. d. gl. immer drükender wurde. Alles dies ertrug man mit Gedult, und der Landmann ermüdete nicht, alles nach seinen Kräften beizutragen, denn er sah sich nicht durch leere Vorspieglungen getäuscht, und genoß wieder seiner Ruhe und Sicherheit seines Eigenthums. Er war sich bewußt, daß er nur dem Oberhaupt des teutschen Reichs und dessen Gliedern, die für die Erhaltung des teutschen Vaterlands und dessen Verfassung kämpften, von seinem wenigen Vermögen beitrug. Er schäzte sich glüklich, vom Kriegsschauplaz entfernt zu leben, und beseufzte jene unglükliche Menschen, bey denen die Kriegsflammen hoch auflodertén, und gänzliche Verheerungen alles zur Einöde machten, und viele tausend vermögliche Familien in die bitterste Armuth

Armuth stürzten. Er saß noch im Schooße des Glüks, der Ruhe, der Zufriedenheit, unbekümmert, ob ihn noch das nemliche Schiksal treffen werde, das jene Unglükliche längst vor ihm traf. Sehnsuchtsvoll sah er einem Frieden entgegen, und jede Nachricht, die er in seiner friedlichen Hütte von ferne hörte, erquikte ihn, und lies ihn die bisher getragene Last vergessen. Nur Friede! daß man sich wieder erholen kann, war gleichsam sein Losungswort, und vorher Glük den kaiserlichen Waffen, sein heisser Wunsch. Allein schnell änderte sich die Szene, und die Kriegsereignisse am Rheine in der Mitte des vorigen Jahrs, erhielten eine ganz andere und unerwartete Wendung. Schwaben sollte der Kriegsschauplaz werden, und Schwaben solte die interessantesten aber auch fürchterlichsten Auftritte erleben. Angst, Schreken, Drangsale, Kümmernisse, Elend, Grausamkeiten, u. s. w. sind gemeiniglich im Gefolge des Kriegs, und alles dies empfand der Bürger und Landmann in ihrer Wirkung zu stark, als daß er sie so gleich wieder sollte verschmerzen können. Vergessen wird er sie gar nie, und seine Kinder und Kindeskinder werden die Geschichte dieses Zeitalters fortpflanzen. Der unvermuthete Uebergang bey

Kehl

Kehl über den Rhein, der die Folge von dem Durchbruch über den Kniebis nach sich zog, sezte ganz Schwaben in Schreken. Die schon am Rhein und besonders in der Pfalz von Ihrer Nation ausgeübte Grausamkeiten und Verheerungen *), ließen nichts gutes auch für Schwaben erwarten. Viele entgiengen ihren Klauen, und flüchteten ihre beste Habseligkeiten, womit viele Wägen stark beladen hier durchfuhren, das übrige aber überliesen sie dem Schiksal, das oft grausam genug war. Mit jedem Tag beinahe drang Ihre Nation tiefer in Schwaben und in das Herz von Teutschland ein, und sezte alles in bange Erwartung. Am 9 Julius vorigen Jahrs war es, daß sich ein Gerücht allhier im Dorf, in der ganzen Gegend und in Augsburg verbreitete, die Kondeer — nicht wahr, diese gehören ja auch zu Ihrer Nation? — sengten, brennten, raubten und mordeten in der Gegend

*) S. Almanach der Revolutions Charactere für das Jahr 1796. herausgegeben von dem geheimen Hofrath Girtanner. Chemniz 1796. 8. in welchem von S. 253 — 388 die erschreklichsten Greuelthaten, welche die Franzosen in der Pfalz im Jahre 1794 ausgeübt haben, geschildert werden. Der Menschheit schaudert dafür.

in und um Weisenhorn \*). Ich war gerade in der Stadt, als ich diese Nachricht hörte, die alles in Furcht und Schreken sezte. Hier fieng man an, einzupaken und zu flüchten \*\*), ich aber fuhr ruhig aus der Stadt Abends zurük, war zur ganzen Begebenheit gleichgültig, und fiel mir nicht bey, etwas zu flüchten, noch weniger, daß ich selbst flüchten und Sicherheit suchen wollte, das nur feigen Seelen eigen ist, die jeden kleinen Sturm für ein vielbedeutendes Phänomen ansehen, und sich von demselben in Furcht, Zittern und Beben sezen lassen. Das Gerücht war damals stark, aber auch — leer, da Weisenhorn nicht litte, und was geschah, in der Gegend um Ochsenhausen, einer Benediktiner Abtey, aber wirklich von den saubern Konbeern geschah, die eben so stark die Begierde nach

---

\*) Ist eine vorderösterreichische kleine Stadt an der Roth, und die ältere Residenz der Grafen Fugger von Kirchberg und Weisenhorn.

\*\*) In München sind im dreißigjährigen Krieg die Familien, welche flüchteten, und sich scheuten, die Bürde ihrer Mitbürger gemeinschaftlich mitzutragen, in der ausgeschriebenen Kontribution höher belegt, und sogar mit Sperrung ihrer Gewerbe bedroht worden. S. Hrn. von Gutners Rede: München während des dreißigjährigen Kriegs, S. 20 in der Anmerkung.

nach Raub beseelt, wie die sogenannten Patrioten, weil beede eine Nation ausmachen, und nur eine und eben dieselbe Nation sind. So leer inzwischen dieses Gerücht war, daß man des Nachts Wachen ausstellte, und auf dem Kirchthurm wachen lies, so war doch auch die Angst der Erwartung einer sich immer mehr und mehr sichtbar näheruden Gefahr groß. Man lebte zwischen Furcht und Hofnung, und jedes Ereigniß erregte neue Furcht. Der Landmann hoffte, die Donau würde die äusserste Gränze seyn, über die sich Ihre Nation nicht wagen würde, aber diese Hofnung wurde bald vereitelt, denn mit Riesenschritten drangen sie weiter in das Innere von Schwaben ein, und unterjochten es ihrer Botmäßigkeit. Schon im Anfang Augusts fieng die Retirade der Oesterreicher an, und Bisburg hatte abwechselnd ein Lager nach dem andern auf seinen Gefilden. Der noch auf dem Feld gestandene Haber wurde zum Theil abgeschnitten, oder durch die Pferde zertreten, das Heu und Stroh mußte man liefern, und das Essen in das Lager tragen. Nun war alles gespannt, und man fieng an, die besten Habseligkeiten zu flüchten. Den 18 und 19ten August erschien die lezte Kolonne, und ich nahm einen

Husa=

Husaren als Salvegarde zu mir. Dieser bat mich oft, das beste auf die Seite zu räumen, und erzählte mir viel, wie es an andern Orten ergangen sey, und wie übel die Franzosen gewirthschaftet hätten. Allein es war zu spät etwas fortbringen zu können, und nur drey Kisten waren in meinem Hof untergraben gewesen, das aber unwissend meiner, und nur durch meine Leute geschah, auch bald nachher wieder ausgegraben wurden. Am 20. August Abends wurde dem kleinen Dorf Dorf Biburg eine Lieferung von 3 Ochsen und 3 Schaf Mundmehl bey Strafe der Exekution auferlegt, und diese war gleichsam das merkbare Signal von der baldigen Ankunft der Franzosen. Am 21. in der Frühe um 3 Uhr verliessen die Oesterreicher Biburg, und eilten Augsburg und dem Lech zu, wo sie festen Fuß faßten. Bald darauf um 5 Uhr wurde Lärmen, der Franzos sey in Horgau\*), und werde längstens bis 6 Uhr hier seyn, aber der ganze Tag gieng ruhig vorbey, und man unterhielt sich nur von der Ankunft dieser Nation, die so schmeichelhafte Proklamationen an die Bewohner des Landes ergehen lies, in welchen sie

dem

---

\*) Ein großes Dorf zwischen Zusmarshausen und Biburg, den Freyherren von Rehling gehörig.

dem schuldlosen, ruhigen, und friedlichen Landmann Schuz und Sicherheit seines Eigenthums, seiner Familie, seiner Rechte und seiner Religion zusicherten. Diese reizten manche, daß sie sich nichts Böses versahen, und trauten diesen Zusicherungen, die aber im Ganzen nur Blendwerke waren, um desto mehr rauben zu können, wenn nichts geflüchtet wurde. Inzwischen blieb ich, ohne nur den mindesten Werth auf die Proklamationen zu sezen, standhaft und muthvoll auf meinem Posten stehen, und flüchtete nichts, auch so gar meine Bibliothek — nicht, an der mir doch mehr, als an allem andern gelegen war. Ich hätte als ein Bürger von Augsburg eben so gut, wie andere, meine Zuflucht dahin nehmen können, aber ich verlies mich auf die Vorsehung, und meine Gelassenheit und Gleichgültigkeit auch in den grösten Stürmen, rufte mir zu: bleibe auf deinem Posten, und sey selbst auch Wächter über dein Eigenthum.

Endlich rükte der Tag heran, an welchem diese Gäste unberufen ankamen. Den 22. August Morgens 4 Uhr gieng ich aus, und im Dorf herum, um zu sehen, ob die ausgestellte Wache nach ihrer Pflicht handelte, aber alles lag im tiefsten Schlummer. Es war zu früh, um Jemand zu beun-

beunruhigen, und verfügte mich nach Hause, aber mit 5 Uhr gieng ich zum Gemeindsführer *) Lorenz Feierabend, wekte denselben, und sagte ihm, daß er nun auf alle Strassen Wachten ausstellen sollte, um die Ankunft der Republikaner anzuzeigen. Man war hier in der Erwartung, es werde ein Theil der Moreauischen Armee die Straße passieren, und von Generalen angeführt werden. In dieser Rüksicht hat man sich vorher unterredet, den General zu empfangen, und ihn um den Schuz des Eigenthums des schuldlosen Landmanns zu bitten. Ich machte mich auch gänzlich darauf gefaßt, aber die Armee marschirte auf dem rechten und linken Flügel durch die Wälder, und die Straße blieb leer. An dem nemlichen Tag Morgens vor 6 Uhr erschienen zwey Chasseurs. Man holte mich, und ich fragte sie mit ganz heiterer Miene, was sie befehlen? Zehen Faß Wein, war in Gegenwart der drei Gemeindsführer oder Bürgermeister Lorenz Feierabends, Johann Martin Leitenmaiers, und Joseph Gumpingers, die Antwort darauf. Der Mann war freundlich, und sprach teutsch, aber der zweite sah einer wilden Bestie gleich. Ich lies mich also

---

*) Man nennt sie hier nach Städtischer Sitte Bürgermeister, deren es 4 sind, damals aber nur drey.

also mit dem wakern Chasseur, nachdem ich ihm die Unmöglichkeit vorgestellt und gesagt habe, daß hier nicht 10 Maas Wein anzutreffen seyen, in eine Unterredung ein, handelte mit ihm so gut als ich konnte, und wurde mit ihm für 6 Karolins und 2 Tonnen Biers einig. Der Gemeindsführer übersah einen französischen Thaler, der zu viel war, und den man nicht wieder zurükbekam, dagegen aber lieferte man kein Bier, nicht wegen diesem Thaler, sondern aus nicht ungegründeter Furcht, es möchten Pferd und Wagen zusammen ausbleiben, wie sich nachher dieser Fall auch bey andern öfters ereignet hat. Mit dieser guten Behandlung — sie war auch wirklich gut — konnte das Dorf zufrieden seyn. Bald darauf kamen wieder etlich und zwanzig Chasseurs angeritten, unter denen der Offizier ein sehr höflicher, artiger und freundlicher Mann war. Auf meine Frage, was er befehle? verlangte er mit vieler Bescheidenheit einen reitenden Boten nach Biberbach, der im nächsten Dorf wieder abgelößt werden sollte, und auch wirklich Wort hielt, denn in Hainhofen durfte er wieder zurükkehren. Noch waren die Aussichten sehr gut, und man versprach sich in der Folge eine eben so gute Behandlung, denn es hatte hier noch Niemand die Erfahrung gesammelt; wie schleichend, einnehmend und fein der Franzos in seinen ersten Forderungen ist, um das Volk zu täuschen, sicher zu machen und bei guter Laune zu erhalten. Um 10 Uhr sah man von der Schlipsheimer Mühle abermals auf 30 Chasseurs dem Dorf zureiten. Ich gieng mit den Gemeindsführern ihnen entgegen, und als sie an den Ort kamen, wo wir warteten, fragte der Anführer mit einer ernsten, wilden und brutalen Miene, dessen ganze Gesichtsbildung schon teuflisch war, wo ist der Schultheiß? ich erwiederte ihm hierauf: hier stehen die drey Bürgermeister. Sein Verlangen war 50 Viertel, das ist, Mezen Haber. Ich wollte ihm die Unmöglichkeit vorstellen, weil noch kein Haber geschnitten war, aber die wilde Bestie neigte sich vom Pferd, und sagte, nicht viel Worte und nicht viel Komplimente, es muß gleich seyn. Man eilte also, diese Unmenschen zu befriedigen, und holte den Haber zusammen, wo einer zu bekommen war. Inzwischen umringten sie die Tafernwirthschaft und zechten, als sich einige vertheilten, und in mehrere Häuser ritten, um Wein zu verlangen. Zu mir kamen vier, und wollten Wein und Brandtewein, stiegen vom Pferde und suchten alles aus. Man holte mich nach Hause, und ich ließ in der Eile zwey Flaschen Wein holen, als ich aber gegen meine Wohnung kam; so ritte der lezte dieser Chaſſeurs beim Thor heraus, ohne mich zu bemerken, den Wein aber behielt ich bis zu einer andern Gelegenheit auf. Von mir eilten ſie dem Carliſchen Landhaus zu, konnten aber nicht hinein, weil alles aus demſelben geflohen und mithin verſchloſſen war, und nahmen das nächſtſtehende Wirthshaus des Matthias Sommers mit, wo ſie auf 30 Stük weißes Brod nahmen, und zwey Flaſchen Brandtewein verlangten. Der Wirth reichte ſie ihnen, mußte davon in ein Glas ſchütten und verſuchen, dann die Flaſche wieder auffüllen und ihnen geben, die ſie mitnahmen und im Frieden davon ritten. Dieſer Umſtand war keine gute Vorbedeutung auf die Folge. Es hat zwar der ſchwäbiſche Kreis einen Waffenſtillſtand mit den Republikanern getroffen, wovon ein Auszug der Konvention dem hieſigen Dorf in franzöſiſcher Sprache vom Oberamt St. Moriz in Augsburg zum Gebrauch überſchikt worden, und worinn es unter andern hieß, daß alle Feindſeligkeiten aufgehoben ſeyn ſollen; allein die raubbegierige Republikaner, an dieſe lokere und ſchändliche Lebensart ſchon gewöhnt, achteten, wenn ich ihnen die Urkunde vorwies, nicht darauf, ſondern — lachten

B

ten darüber. Bürger Direktoren! wie kann man also," möchte ich Sie fragen, mit einer solchen Nation Verträge und Bündnisse machen, wenn sie nicht Wort hält? Es wurde freilich der freie Durchzug einbedungen, aber eben dieser freie Durchzug hat dem Republikaner keine Hühner, Gänse, Endten, Tauben, Braten, Käse, Butter, Eier, Wein, Brandtewein u. s. w. sondern eine ländliche Hausmannskost, wie sie der Landmann hat, Bier, Brod, und was sein Haus vermag, bestimmt, wovon aber die meisten dieser Ungeheuer nichts wissen wollten. Ein besonderer Vertrag *) machte sogar, neben der festgesezten Hausmannskost, die Verfügung, daß man die Uebertreter desselben anzeigen sollte, wenn sie nicht damit zufrieden seyn würden. Allein dergleichen Verträge waren bei ihnen leere Worte, und von der Subordination wollten sie nichts wissen, und kannten sie gar nicht. Wozu also Verträge, wenn nicht Wort gehalten wird? Um Sie wieder, Bürger Direktoren! auf jenen Tag, den 22. August zurük zu führen; so erschienen nach
jenen

---

*) Dieser, wie der Auszug aus der Konvention, wurde mir sammt der Brieftasche, worinn noch mehrere Sachen waren, von einem saubern Kondeischen Klerikus genommen.

jenen brutalen Chaſſeurs um 12 Uhr Mittags die unvergleichlichen Fußgänger. Vorher hatten ſie den Schlipsheimer Müller, Joſeph Krauß, der in das hieſige Dorf Biburg gehört, auf eine unerhörte Weiſe ausgeraubt, und ihm mit bloßen Säbeln gedroht, wenn er nicht hergebe, was er habe, ſo werde er ſterben müſſen. Auſſer dem, was ſie ihm an Schweinen, Mehl, Schmalz, Geld und dergleichen nahmen, gab er ihnen noch, was er hatte, um ſein Leben zu retten, und gleichwohl war dieſe Räuberhorde nicht damit zufrieden, ſo ſehr er ſie mit Weinen und aufgehobenen Händen bat. Seine Kinder retirirten ſich unter den Taubenſchlag, wo dieſe entmenſchte Beſtien ebenfalls hinkamen, und er und ſeine Müllerin ſahen ſich genöthiget, ſich in einen holen Balken unter der Mühle zu verkriechen, wo ſie Todesangſt ausſtunden, denn ſie wußten nicht, wenn einer oder der andere dieſer Räuber, die durch das Waſſer in die Mühle eindrungen, ſie beobachten und ermorden würden. Der Mann war alſo gänzlich ausgeleert, und von ſeinen Dienſtboten nahmen ſie, was ſie bekommen konnten. Zu gleicher Zeit wurde auch der daſelbſt wohnende Uhrmacher, Johann Michael Härtel, beraubt, und wäre ſehr mißhandelt worden, wenn er nicht ihren Räu-

bershänden entronnen, und dem Dorfe zugeeilt wäre. Er machte den ersten Lärmen, und auf dem Fuß eilten ihm die vortreflichen Republikaner theils mit, theils ohne Freiheitskappen und Kokarden nach. Man schlug Sturm; den diese böse Buben in ihren Ohren durchaus nicht ertragen konnten. Ich eilte nach Haus, um zu sagen, daß man alles fest versperren, und keinen Räuber herein lassen sollte. Der Sturm erschrekte sie, und nahmen den Vorwand, sie wollten nur zu Essen und zu Trinken. Man gab's ihnen, und ich lies ein Fäßchen Bier und einen Laib Brod unter sie tragen, und erschien selbst unter ihnen. Aber wie erstaunte ich nicht, als ich, statt gut gekleideter Krieger, nichts als zersezte, zerrissene, zerlumpte und buntschekigte Buben vor mir sahe, so elend, daß es Schande ist, eine solche schlechte Waare nach Teutschland geschikt zu haben. Der Anblik dieser Bande erregte wahren Grauen, und man mußte vor demselben schaudern und zurükbeben. Schande, dachte ich, für eine Nation, welche die erste gebildete in Europa seyn wollte! Schande für eine Nation, welche nur nach Teutschland kam, um alle Arten von Greuelthaten auszuüben. Doch ich erholte mich, und sprach freundlich mit ihnen. Ein elender, kleiner
Bube

Bube trat zu mir hin, und sagte ganz gutmüthig: Freund, thun Sie Ihre Kette hinein, sonst wird Ihnen die Uhr genommen, und husch, wollte er sie selbst — nehmen. Ich sprach scharf mit ihm, wandte mich um, und gieng zu dem Hrn. Kammerer und Pfarrer, Bartholomäus Wirth, und übergab ihm auf meine Gefahr die Uhr. Kaum war ich zur Thüre hinein, als vier dieser Buben kamen, und ebenfalls hineindringen wollten. Allein die Thüre wurde stark verrammelt, und Gewalt legten sie gleichwohl nicht viel an, weil sie's nichts nüzte. Inzwischen verlangten sie mit der ihnen gewöhnlichen Brutalität 2 Karolins, die man ihnen nicht gab, endlich aber erhielten sie einen französischen Thaler von dem Hrn. Kammerer, um sie vom Hals zu bringen, sie giengen aber nicht, und beharrten auf ihrer Forderung, wovon immer einer mit einem bloßen Säbel vor dem Fenster stund, und gegen den Hrn. Kammerer hauen wollte. Man gab ihnen also noch einen Thaler, und endlich giengen sie erzürnet zurük. Noch war es aber nicht ruhig, und man schlug aufs neue Sturm. Der Hr. Kaplan, Joseph Melcher bekam den Einfall, um eine Salvegarde nach Willishausen, wo ein französischer Offizier bey dem dortigen Hrn. Pfarrer

Mezger einquartiert war, zu gehen, und ermunterte mich, ihm Gesellschaft zu leisten. Ich nahms an, weil man nicht wissen konnte, wie es in der Folge gehen möchte, und ob nicht zur Nachtszeit Feuer von dieser nun durch das Sturmschlagen in Wuth gebrachten Bande eingelegt werden möchte, denn man durfte sich nichts gutes von ihnen versprechen. Ich vergaß Haus, Hof und alles was darinn war, und gieng getrost und mit der grösten Gleichgültigkeit, als wenn ich nichts zu verlieren hätte, mit ihm durch Wälder nach Willishausen, als wir unterwegs im Walde zum drittenmal Sturm schlagen hörten. Es war viel gewagt gewesen, denn wir sahen die äusserste Lebensgefahr vor uns, in die wir sicher gerathen wären, wenn uns im Walde die Räuber angetroffen, und nur geahndet hätten, daß wir wegen ihnen eine Salvegarde holen wollten. Doch wir kamen glüklich und ungehindert an unsern Bestimmungsort, trafen aber den Offizier, der kurz vorher abgieng, nicht mehr an. Der Hr. Pfarrer Mezger führte uns nach Hausen, wo ebenfalls ein Offizier lag. Als wir hinkamen, ritte uns gerade ein Chasseur entgegen, und fragte, was wir wollten? wir wollten um eine Salvegarde nach Biburg gebeten haben, war die Antwort, und gaben ihm eine Karolin Douceur

Douceur, um solche schleuniger zu erhalten. Wir giengen zum Offizier hinein, und baten auch diesen. Das Betragen dieses Mannes war zwar ziemlich sanft und freundlich, aber er hatte die deutlichste, kenntlichste und ausgezeichnetste Spizbubengesichtsbildung an sich getragen. Wir harrten eine starke Stunde auf die Salvegarde, und sahen immer vor unsern Augen das französische Lager. Wir erinnerten die Nothwendigkeit abermalen, und dann hies es, wir haben noch nichts gespeißt, die Pferde sind matt, und müssen gefüttert werden, und so giengen noch 2 Stunden herum, während der Lärmen vom Oggenhof und von Willishausen kam, die Räuber seyen wieder da, wie auch wirklich der Hr. Pfarrer vom leztern Ort eine Salvegarde holte, die sich gleich mit ihm auf den Weg machte, aber auch eben sogleich wieder, nachdem sie das Geld von ihm genommen hatte, zurükkam, ohne eine Salvegarde dort gelassen zu haben. Die Gefahr schwebte also aufs neue wieder über unserm Haupte, da die Räuber um uns waren, und noch nicht wußten, ob wir mit einer Salvegarde nach Haus kamen oder nicht. Der herbeieilende Abend entschied endlich die Salvegarde, die uns nach Haus ganz abgemattet begleitete. Das lange Verweilen machte einige im Dorf aufmerksam, weil

sie nicht wußten, was uns allenfalls widerfahren
seyn möchte, und deswegen schikte ein Bauer,
Johannes Krauß, seinen Sohn zu Pferd nach
uns, der gerade ankam, als wir von Hausen mit
der Salvegarde abgiengen, wo aber diese Räuberbande schon abgetrieben war, diese berittene
Salvegarde stellte sich in einer Linie vor dem
Wirthshause hin, und verlangte 15 Karolins,
wofür sie uns 5 Mann zu Pferde zur Wache über-
lassen wollte. Der Akkord war geschlossen, und
man bezahlte die verlangte 15 Karolins, und dem
saubern mit einem rothen Knebelbart versehenen
Offizier noch besonders zwey französische Thaler.
Dafür stellten sie eine elend geschriebene, unleser-
liche Quittung aus, gänzlich falsch, und keines
Worts von diesem Geld erwähnt, und der Spiz-
bubenoffizier erdichtete noch dazu einen andern Namen. Dieses bezahlte schöne Geld zogen sie vom
Tisch weg, stektens ein, sezten sich zu Pferde,
und — ritten davon. Abermals ein Zug von
einer Handlung, welche der französischen Nation
keine Ehre macht. Bürger Direktoren! heißt
das Wort halten? und wenn man im Kleinen
nicht Wort hält, was für ein Zutrauen kann man
in wichtigere Handlungen sezen? Sie sehen daraus, daß die französische Nation ihren Charakter

in

in Teutschland gebrandmarkt, und abscheulich er:
niedrigt hat, daß er nun von Kleinen und Großen,
von Jungen und Alten verachtet wird. Viele
rechtschaffene Männer müssen freilich darunter lei:
den, wer will sie aber unter einem Schwarm Un:
holden heraussuchen? wer will sie kennen? viele
seufzen unter dem Drang und Zwang, der ihnen
als ein Joch vom Direktorium, und von denen
500 unter sich selbst uneinigen Männern aufgelegt
wurde. Doch das Maas der Drangsalen war
an jenem Tag mit diesem Geld noch nicht beschlos:
sen, und kaum war ich mit dieser nobeln Salve:
garde nach Haus gekommen, als gleich darauf
von dem Kriegskommissär Barbier, der sich zu
Leutershofen aufhielt, eine Requisition von 6000
Pfund oder 60 Centner Brod und 4 Ochsen nach
selbst bestimmtem Gewicht, jeden zu 5 Centner,
erfolgte. Dies geschah Abends um 7 Uhr, und
den andern Tag Morgens um 8 Uhr sollte alles
dies, bey Strafe militärischer Exekution, gelie:
fert werden. Man konnte freilich diesem Kriegs:
kommissär die Kenntniß der geographischen Lage
und des ökonomischen Zustands dieses Orts nicht
zumuthen, aber sicher hätte er diese Requisition
nicht gemacht, wenn er von beeden nur die min:
deste Kenntniß gehabt hätte. Ich schrieb im

Namen

Namen der Gemeinde gleich durch den nemlichen
Boten zurük, machte ihm die Lage des Orts, die
Unmöglichkeit mit dem Baken, den Viehstand und
dessen Qualität, und die Drangsale bekannt, die
dieser Ort an dem nemlichen Tag durch die Republikaner auszustehen gehabt habe, und denselben unterworfen gewesen sey. Inzwischen lieferte
man am 23. August einstweilen was man au
Brod von jedem Haus zusammen bringen konnte,
lud alles auf einen Wagen, und führte solches
mit den 4 Ochsen, so gut man sie hatte, hinein.
Der Mann schien mir ein menschliches und mit-
leidvolles Gemüth gehabt zu haben, denn er war
gänzlich zufrieden, und lies sich meine Vorstellungen gefallen, Vorstellungen aber, die ich ihm
nach der Wahrheit machte, und die innere und
äussere Lage des Orts nach allen Theilen schilderte.
Vielleicht hätte sie ein anderer Tollkopf mit Verachtung angesehen, und hätte die Drohung der
militärischen Exekution vollzogen. Dieser Tag
war für das geringe Dorf Biburg immer traurig
genug, und mußte wider seine Kräfte Leuten
opfern, die es nicht würdig waren.

Den ersten Chasseurs die akkordirte Brandscha-
zung, oder für Befreyung vom Plündern
. . . . fl. 68. 45. kr.
Den

Den zweiten 50 Mezen, oder 6 Schaf 2 Mezen
   Haber . . . fl. 61. 15. kr.
Den dritten, wegen der nobeln
   Salvegarde, mit Einschluß
   der Douceurs . . fl. 181. 30. kr.
Das gelieferte Brod im An-
   schlag . . . fl. 40. — kr.
Die 4 Ochsen . . fl. 200. — kr.
                    Summa fl. 551. 30 kr.

Bürger Direktoren! wenn Sie von der Lage des hiesigen Orts Kenntnisse hätten; so würden Sie selbst bekennen müßen, daß diese Summe groß genug sey, und daß es keiner Lasten mehr bedürft hätte, deren es nachher noch viele an Ihren herumstreifenden Räubern tragen mußte. Selbigen Abend noch kamen Einquartierungen, die bis auf den Mitwoch und Donnerstag, den 22. 23. 24. und 25. August blieben, und die uns wenigstens vor dem Raub sicher stellten. Ein sogenannter Konducteur, der bey mir war, war ein rechtschaffener Mann, von den andern hingegen zerschnitte mir einer einige Bücher, und nahm mir verschiedene Briefe. Bey dem Sternwirth, Johann Michael Mayer, traf ich einen Adjutanten an, wenigstens gab er sich dafür aus, der
                                                     mir

mir dem äusserlichen nach ein guter Mann zu seyn schien, ob aber das innere nicht französisch polirt war, das konnte ich nicht beurtheilen. Ich beschwerte mich über die übermäßig geforderte Lieferungen, und besonders über die auf eine infame Weise herausbetrogene 181 fl. 30 kr. für die herrliche, sich aber wieder hinweggestohlene Salvegarde. Er versicherte mich, daß mir dieses Geld wieder zurük bezahlt werden würde, wenn ich mich bey dem General én Chef Moreau, oder dem Regierungskommissär Niklas Haußmann beklagen würde. Ich fragte ihn um seinen Namen, und er nannte sich Karcher, einem ehemaligen Geschlechte in Franken, wie er mir erzählte, ob er aber nicht eben so erdichtet war, als der Name jenes rothhaarichten Offiziers, weiß ich nicht, denn selten sind diese Leute mit der reinen Sprache herausgegangen. In der Unterredung über Frankreichs gegenwärtigen Zustand, den er, wie natürlich, sehr vortheilhaft schilderte, — obs ihm so ums Herz war, weiß ich auch nicht — fragte er mich schnell, wie weit es noch von hier nach Wien sey? Ich konnte ihm keine gewisse Stunden- oder Meilenzahl bestimmen, als er gleich darauf sagte, innerhalb 14 Tagen, längstens aber 3 Wochen müssen wir in Wien seyn. Hierauf lächelte ich und erwiederte, die Moreauische Armee habe bis dahin noch manche Klippen, Berge und Hindernisse zu bekämpfen, die mehr als drey Wochen Zeit erforderten, und sehen Sie, Bürger Direktoren! in vier Wochen ritte dieser tapfere Held wieder durch Biburg, ohne Wien gesehen zu haben. Seine Rechnung war ohne den Wirth gemacht.

Eben dieser Adjutant Karcher — ich muß dessen Namen beybehalten, weil er mir ihn einmal so angegeben hat — war es, der mich zur Klage gegen jenen Offizier gleichsam aufforderte. Den 23. fuhr ich mit dem Gemeindsführer Lorenz Feierabend in die Stadt zum General en Chef Moreau, und sprach besonders mit dem Regierungskommissär Hausmann, theils über die überspannte Requisition, theils wegen dem Geld für die Salvegarde. Von dem leztern übergab ich ihm die Quittung, wobey er mir sagte, daß der Name erdichtet sey, und daß jener Offizier, wenn ich ihn anzugeben wüßte, seinen Kopf verlieren würde, denn es gezieme sich nicht, Geld für Salvegarden anzunehmen. In Rüksicht der Requisitionen ließ er mich ebenfalls nicht ganz trostlos gehen. Hausmann ist ein Teutscher, und war ehemals lange in Augsburg, aber als ein naturalisirter Franzos, nahm er die nemliche

Sitte

Sitte an, nicht lange Stand zu halten, und den ganzen Vortrag nicht anzuhören. Alles geschwind, geschwind, wie es bey Ihrer Nation hies. Mit der Quittung wies er mich zum General Hoel, der bey dem Hrn. Philipp Christoph von Stetten einquartiert war, dieser war aber gerade ausgegangen. Ich verfolgte ihn bis zu den drey Mohren, wo ich glaubte, daß er dahin zum Speisen gegangen seyn möchte. Meine Quittung wurde an eine große Tafel voll von Offiziers getragen. Man las sie, und man schikte mich wieder weiters. Darüber wurde ich mißmuthig und ungedultig, daß ich gegen den Keller sagte: Recht, ich werde diese verfluchte Spitzbüberei öffentlich zu rügen wissen, und dem Direktorium berichten. So gieng ich, ohne den Hoel gesehen zu haben, wieder unverrichteter Dinge zurük.

Am 24. August, wo bey Augsburg und am Lech von Morgens 7 Uhr an bis Mittags eine sehr starke Kanonade war, und an dem nemlichen Tag der General Hoel in dem Lech ertrank, kamen gerade um Mittagszeit sehr viele Pulverwägen hierdurch. Ein Offizier speißte mit mir in Gesellschaft bey dem Hrn. Kammerer, ein Mensch mit langen herunterhängenden Haaren

über

über das Gesicht, ungesittet, plump, aus dem ich durchaus nichts zu machen wußte. Er aß, trank, und saß da wie ein Stok. Noch war es nicht abgespeißt, als eine ganze wilde Rotte größtentheils von abgezehrter Gesichtsbildung, hereindrang, den da gestandenen Wein nahm, und austrank. Man holte Bier, und um ihrer los zu werden, weil sie sich immer vermehrten, bat man den Offizier, er möchte Ruhe schaffen. Er thats, aber mit genauer Noth konnte er sie abtreiben. Nachmittags um 3 Uhr erschien abermals ein Fuhrwesen, wobey wieder eben so schlechte Buben waren, als zwey Tage vorher unter den Räubern. Ihr ganzes Verhalten war jenem der Räuber gleich, und suchten die Teutschen zu neken. Damals wäre es um das Landhaus des Hrn. Banquiers Thomas Klaudi Carli von von Augsburg geschehen gewesen, wenn ich diese Rotte durch Vorstellungen nicht abgewiesen und zurükgetrieben hätte \*). Ein Fuhrknecht, vielleicht

---

\*) Es wäre gut gewesen, wenn Hr. Carli, statt sein Landhaus zu verschließen, Jemand in daßelbe diese Zeit über gesezt, und die Leute mit Viktualien versehen hätte, um den Soldaten das Nöthige reichen zu können; denn sie suchten in diesem Gebäude mehr, als ein leeres Haus, und daher war solches für das

leicht der brutalste unter allen, drohte daſſelbe zu zerſtören, und wollte Gehülfen herbeyrufen, die auch auf den erſten Wink dazu bereit waren, als ich unter ſie trat, und ſie durch gute Worte von ihrem Vorhaben ab- und auf andere Gedanken brachte. Gleichwohl ſtund ich noch in der Furcht, ob es nicht ſpäter geſchehen würde, aber ſie blieben ruhig, und nur einige ſtiegen ſchon vorher hinein, ruinirten etwas in demſelben und nahmen mit, was ihnen tauglich war.

Von dieſer Zeit an gieng es vier ganzer Wochen lang Tag täglich fort. Bald kamen ſie Rotten weis zu 50. 60. 100 und mehr von Augsburg heraus, bald von Zuſmarshauſen herein, und bald kamen ſie von beeden Orten zugleich, und verlangten Quartier, aber nur ſo lang, bis ſie ihren unerſättlichen Magen gefüllt hatten. In Zuſmarshauſen z. B. nahmen ſie ein Frühſtük, in Auerbach, anderthalb Stunden davon entfernt, hungerte ſie wieder, in Horgau eine halbe Stunde vom leztern Ort, war ihnen der Magen blöd, in Biburg eine Stunde von Horgau, waren ſie durch ausgeſtandene Strapazzen gänzlich abgemattet und leer worden, und
von

hieſige Dorf nicht zum Vortheil, ſondern zum gröſten Nachtheil geweſen.

von hier bis nach Augsburg hatten sie noch Steppach und Kriegshaber übrig, die ihnen die leer gebliebenen Pläze ihres Wansts noch ausfüllen mußten. Man kan sagen, Teutschland habe für schweres Geld eine Menge Vielfresser gesehen, denn solche Leute wird man doch wohl bey keiner Nation, als nur bey der französischen antreffen. Dies behaupte ich als Augenzeuge, denn sie erregten bey dem Einfältigsten und Dummsten allgemeine Verwunderung. Nun denken Sie, Bürger Direktoren! wie beschwerlich dem Landmann eine solche beynahe unerträgliche Last gefallen seyn muste. Allein man wäre noch zufrieden gewesen, wenn nur nicht der gröste Theil unter diesen Ungeheuern, nicht Speisen verlangt hätte, die theils der Landmann nicht hatte, theils aber nach der mit Ihnen getroffenen Uebereinkunft nicht zu geben schuldig war. Es wurden von verschiedenen Orten Klagen deswegen geführt, die den Regierungskommissär Hausmann endlich bewogen haben, daß er eine französische und teutsche Instruktion verfaßte, und in öffentlichen Druk gab. Nach derselben sollte der Landmann ungestört seyn, und der Soldat wurde zur Bescheidenheit angewiesen. Er verordnete auch ausdrüklich, diejenigen, welche dagegen handeln

deln würden, mit Namen anzuzeigen, um sie abstrafen zu können. Aber wie wunderlich! welcher unter dieser Freßbande hätte seinen wahren Namen angegeben? Das wäre also weiter nichts als eine französische Schnurre, um den Landmann bey guter Laune zu erhalten, damit er sich wie ein Schaaf geduldig scheeren lasse. Man schlug diese Instruktion an die Thüren an, damit sie jeder lesen konnte. Viele lasen sie, und — lachten, viele wurden noch mehr erbittert, und es kam beynahe heraus, als wäre diese Instruktion in dieser Absicht verfaßt worden, um den friedlichen Landmann noch mehr zu neken und zu plagen. Vielleicht geschahe es aus einer guten Meinung und aus Patriotism gegen seine ehemalige teutsche Landsleute, deren er sich keineswegs zu schämen hätte, denn sie sind biederer und aufrichtiger als der Franzos. So viel muß ich sagen, daß sich diejenige, die ich hatte, so ziemlich bescheiden betragen hatten, und mit dem zufrieden waren, was ich ihnen reichte. Aber vielleiche scheuten sich manche, daß sie zurük hielten, und diese giengen gemeiniglich trozig von mir weg, die aber, welche mit allem zufrieden waren, gaben mir die Hand und dankten. Es gibt, könnten Sie mir einwenden,

unter

unter jeder Nation gute und böse Menschen, und das räume ich Ihnen vollkommen ein, aber doch nicht einen so starken Troß böser Schurken, als von der französischen Nation nach Teutschland geschikt worden sind, die Unmöglichkeiten mit Drohungen ertrozen wollten, den Landmann mißhandelten, und sich nicht anders als wie lebendige Teufel verhielten. Auſſer diesen täglich hin und her streifenden Partheyen, worunter viele waren die 4. 5. und 6mal kamen, um dem Landvolk einen blinden Nebel vor die Augen zu mahlen, als wenn noch eine starke Vermehrung von Truppen folgte, da es doch nur wegen Stillung des Hungers Rekreationsgänge waren, hatte man auch mit Reutern seine Plage, welche übermäßige und oft doppelte Portionen verlangten. So erschien am 14 September der General und Kommandant in Augsburg Eikenmeier, welcher vorher zu Mainz in Diensten stund, ehe er diese Stadt und Festung den Franzosen 1792 in die Hände spielte, mit 4 Chasseurs und einem Bedienten. Er stellte für die bey sich gehabte Pferde eine Quittung für eine einfache Portion unverlangt aus, und fuhr mit einem Lohnkutscher nach Augsburg. Die Chasseurs und der Bediente aßen und tranken, die Pferde hatten ihre Portion aufgefressen, weil aber jene noch nicht satt waren, und gerne noch mehr gehabt hätten; so wollten sie noch eine Portion für ihre Pferde, die ihnen aber nicht gereicht wurde, ausser Eikenmeier stelle abermals eine Quittung aus. Mit Gewalt suchten sie solche zu erpressen, aber mit Gewalt wurden sie abgetrieben, denn so bald ich drohte, einen Boten an den General nach Augsburg mit einem Schreiben zu schiken, und der Bediente solches hörte, so giengen sie zu ihren Pferden, saßen auf, und — ritten fort. Man bemerkte öfters, daß nur Muth dazu gehörte, um diesen Leuten den Weg zu weisen; aber öfters trat die Ueberlegenheit ein, wo man sich zwar nicht alles, aber doch manches gefallen ließ, wenn es nur ordentlich zugieng. Eine gleiche, aber noch größere Plage hatte man beim Fuhrwesen mit dem Vorspann. Dieses Phänomen war das beschwerlichste, denn man erhielt weder Pferde noch Wägen zurük, und deswegen sträubte man sich mit aller Macht dagegen, ohne es gleichwohl ganz verhindern zu können. Allein auch in diesen Fällen war es gröstentheils auf Beschäzereien angesehen. Sie verlangten Vorspann, wo keiner nöthig war, und unter diesem Vor-

Vorwand erpreßten sie Geld, das man ihnen gab, um ihrer los zu werden. Am 14 September Nachts erschien ein Augsburgischer Dragoner mit einem Franzosen, und brachte einen gedrukten Requisitionszettel zu 15 eingeschirrten Pferden, die man den andern Tag nach Augsburg stellen sollte, mit. Ich wunderte mich, wie man noch einen Dragoner von Augsburg mitschiken konnte, und ich konnte nichts anders daraus schliessen, als daß ein Augsburgischer Jakobiner das Maas der drükenden Lasten dem Landmann noch voll machen wollte. Lesen Sie hier, Bürger Direktoren! diesen Requisitionsschein selbst, denn diese Unverschämtheit verdient aufbehalten zu werden.

Rhein- und Mosel-Armee.

Rechter Flügel.

Im Hauptquartier zu Augsburg *) den 28. Fructidor 4°

Nro.

Die Gemeinde Biburg ist aufgefordert auf der Stelle zu liefern wie folgt: fünfzehen angeschirrte Pferde welche morgen

*) Die mit andern Lettern gedrukte Worte, sind im

morgen früh um 6 Uhr hier seyn müssen.

Der Vorsteher dieser Gemeinde ist persönlich für schnelle und pünkliche Vollziehung dieser Aufforderung verantwortlich, und wird, im Fall sie nicht vollzogen würde, fest gehalten werden.

(L. S.)  Der Kriegs-Commissarius
*Brunckefls.* \*)

Doch dieser Umstand, so drohend er war, lies sich heben. Ich nahm den Dragoner allein, und stimmte ihn, ob man sich mit einem Douceur nicht ablaufen könnte, so bald es aber der geldgierige Franzos merkte, so sprang er in Eile herzu, und zeigte seinen Unwillen, weil ich ihn nicht rufte. Der Dragoner mußte weichen, und also unterhielt ich mich mit ihm allein. Wer war freudiger als der Franzos, als ich ihm vom Douceur sagte, das man ihm geben wollte, wenn er den hiesigen Ort von dieser Last befreie. Er verlangte 2 Karolins, und mit 1 1/2 Karolin lies er sich befriedigen. Um diesen

---

\*) Die Namen dieser Leute sind gemeiniglich so verzerrt, daß man nichts Vernünftiges herauszubringen weiß.

sen Preiß konnte man wohl 15 Pferde sammt dem Geschirr kaufen, denn sie würden nicht mehr gesehen worden seyn, wenn sie einmal ihre Ställe verlassen hätten. Inzwischen bleibt dies auf jeden Fall eine wahre Beschäzerei, aber besser wars immer die leichtere zu wählen, als die verderblichere. Die Summe für diese Betrügereien belief sich gleichwohl nicht weiters als auf 45 fl. 10 kr.

Diese vier Drangsals-Wochen, welche den Landmann täglich in Angst und Schreken sezten, giengen herum. Man seufzte nach dem Ende, weil man fühlte, daß mans nicht länger mehr hätte ausstehen können. Auf einmal erhob sich das Gerücht von der Retirade, welche die lezte, aber auch gröste, Furcht dem schon verzagten Landmann einflößte. Am 18 September Abends kam schon ein Vorschmak davon, die Marketenber und anderes Volk, wovon aber nicht alle über Nacht einquartierten, sondern ihren Weg weiters suchten. Doch lief alles ganz ruhig und friedlich ab. Am 19 war man den Tag über ganz ungestört, aber am späten Abend rükte Kavallerie und Infanterie stark an. Die erstere ritte durchs Dorf weiter fort, und mit Freuden sah man ihnen nach, als sie weit hinter dem Dorf links über die Felder sich schwungen, und endlich dasselbe ganz umringten. Dies gewann kein vortheilhaftes Aussehen, und die traurige Folgen davon haben es bestättigt. Ich wollte gerade in das Dorf, um zu sehen, was vorfallen möchte, als mir 4 Offiziere mit einem Zettel, worauf mein Name geschrieben war, entgegen kamen, und sich bey mir einlogirten. Ich gieng mit denselben wieder zurük, und bekam noch 4 Gemeine dazu. Der Hunger drükte die Offiziers so stark, daß sie sich gleich zu Tisch sezen und speisen wollten. Geschwind, geschwind zu essen es hungert uns, o Sutter geschwind! Man eilte also ihnen auf ihr Verlangen zweymal Eier einzuschlagen, denn den erstern wurde ihr Magen noch nicht gefüllt, ob sie gleich ausser denselben noch mehr Speisen bekamen. Der Oberste unter ihnen, war nicht aufgewekt und blieb immer niedergeschlagen, die übrigen hingegen waren munter, und voll guten Muths. Ich unterhielt mich mit ihnen bis 10 Uhr, wo sie sich zur Ruhe legten. Sie waren sehr bescheiden, und waren auch mit der Aufwartung vollkommen zufrieden. Während dem Essen haben die Chasseurs und Gemeine die Ställe im Dorf geplündert, Schweine, Schaafe, Ochsen, Kühe, Kälber, Hennen, Tauben, Enten, Vie nen u. d. gl. genommen, geschlachtet und sich zur Mahlzeit zugerichtet. In meinem Küchengarten nahmen sie alles Gemüs an Salat, Kraut, Kohlraben, Bohnen, Zwiebel, Maseron u. s. w. rissen das Dill zum Theil hinweg, verbrannten solches, und verfuhren überhaupt sehr übel. Ich bat einen der Offiziers diesem Unfug Einhalt zu thun, er thats, aber er hatte Zeit daß er gieng, wenn er nicht Schläge davon tragen wollte, dennoch aber hielten sie mit dem weitern Einreissen des Dills zurük. Einen unter diesen Offiziers, der mir sehr vertraut schien, sezte ich wegen der Religion zur Rede, weil man sie beschuldigte, sie glauben keinen Gott. Sein gerader Sinn lies michs wagen, und mit eben der Geradheit sagte er mir ohne Scheu, daß es gröstentheils unter ihnen solche Schwindelhirn gebe, die keinen Gott glaubten, aber der rechtschaffene Mann hege gewiß religiöse Gesinnungen u. s. w. Diese Denkungsart bringt wenigstens denen Ehre, die mit ihm eben so glauben. Um Mitternacht fieng das Plündern in den Häusern an, wo dem ohnehin schon ausgesogenen Landsmann alles Mehl, Schmalz, Butter, Eier, sein bisgen Gewand, weiße Wasch, Leinwand, kurz alles genommen, die Truhen und Kästen aufgeschlagen, und das Haus von unten bis oben ausgesucht wurde. Keines blieb verschont, als die, worin Offiziers einlogiert waren. Männer, Weiber, Mädchen flohen in die Wälder, und hielten sich daselbst auf. Bejahrte Weiber schändeten und mißhandelten sie, wenn sies bekamen, und so verfuhren sie mit eben Mädchen. Ihre Ausschweifungen hatten und kannten keine Gränzen, und waren den Wilden ähnlich, die in Wäldern ihren Aufenthalt und Nahrung suchen, kurz sie verhielten sich wie entmenschte Bestien, welche eben diese sind, die nichts von Religion wissen wollen, und vielleicht niemals in einer Religion, sondern wie die Wilden erzogen worden sind.

Am 20 September kam die Hauptretirade. Morgens um 6 Uhr hatten mich kaum meine 4 Offiziers verlassen, als gleich ein Sekretär von einem Kriegskommissär zu mir hereintrat, und sich das Logis für denselben zeigen lies. Ich entschuldigte mich, daß nichts aufgeräumt sey, und daß auch nicht sogleich aufgeräumt werden könnte. Wenns nicht seyn kann, so wirft man alles zum Fenster hinunter, dann wirds gleich geschehen seyn, war dieses unbärtigen Burschen Antwort. Er war, wo ich nicht irre, von Bischweiler im Elsaß gebürtig, sonst ein artiger Mensch, dessen Hirn aber damals noch von der militärischen Exekution warm gewesen seyn muß. Ich wich aus, und lies alles aufräumen, während daß dieser Sekretär mit noch zwey andern seiner Kollegen einlogirte, und sich einstweilen im untern Zimmer aufhielt. Gleich darauf kam ein Chasseur zur Hausthüre hergeritten, und sagte mir, **hier herein darf keiner von denen Kerls** — er verstund darunter die Räuber — **und wenn eine kommen, so sollt' ichs hinaus werfen.** Dies war zwar gesprochen, aber nicht gleich gethan. Kaum war dieser Chasseur zum Hofthor hinaus, so kamen ihrer 12 von meinen hintern Gärten herein, stiegen auf die Bäume, und leerten Aepfel, Birn und Zwetschgen sauber und rein ab, daß ich kaum noch von den leztern mit Hülfe eines französischen Fuhrknechts etwas weniges zum aufwarten bekommen konnte. Es war dieser Räuberhorde an diesem aber nicht genug, sondern sie rissen mir noch die diksten Aeste von den Bäumen ab, um sich ihren Raub bequem zu machen, weil die Bäume nicht alle diese Buben tragen konnten. Während dieses geschahe, kamen andere 8 derselben und liefen dem Stall zu, wo sie in meiner Gegenwart das Geflügel nahmen, erwürgten und mit davon giengen. Ein Sekretär wollte ihnen Einhalt thun, aber sie spotteten seiner, und die auf den Bäumen verlachten ihn. In mein Haus kam also keiner, und wäre in dieser Rüksicht vom Raub frei gewesen. In der Zwischenzeit, da die Sekretärs bey mir waren, kam der Divisions-General Devoigne mit drey seiner Bedienten, verlangte Logis, und mußte ihm, ungeachtet ihm ein Sekretär sagte, daß sie schon für einen Kriegskommissär verstellt seyen, die Zimmer zeigen. Ich bezeigte ihm mein Bedauren, daß ich nicht die Ehre haben könnte, einen solchen General logiren zu können, und ungerne gieng er. Er logirte also in der Tafernwirthschaft ein, und weil dort alles flohe, so nahm er Abends sein Logis bey dem Sternwirth Johann Michael Mayer, wo er sich Mühe gab, in eigner hoher Generalitätsperson die Ställe auszusuchen, obs kein Geflügel für ihn gebe. Der Mann war schön und ziemlich korpulent, von seinen Talenten kann ich nichts sagen, als daß er eben auch nicht links im Fangen gewesen seyn muß, weil er die Ställe selbst aussuchte. Von diesem kam ich los, und die Sekretärs blieben bis gegen Mittags, wo es auf einmal

hieß, der Kriegskommissär komme nicht, sondern bleibe bey seinem Kollegen, der bey dem Hrn. Kämmerer und Pfarrer Bartholomäus Wirth seine Kost und Logis hatte. Allein diese Stelle blieb nicht lange unbesezt, denn kaum hatten sie meine Wohnung verlassen, als mir abermals ein General angekündigt wurde. Ich war einmal schon im Taumel, und bey allem sehr gleichgültig, denn man konnte nicht einmal mehr gehen, um nicht an die Republikaner zu stoßen, und man sah nichts als Himmel, Republikaner und republikanisches Fuhrwerk. Ich gieng ein bis'gen aus, um frische Luft zu schöpfen, als inzwischen der angesagte General erschien, und gleich wieder geholt wurde. Er erschien mit einem Gefolge von 45 Mann und 50 Roß, denn alles hieng sich an ihn an. Schnell eilte ich nach Hause, und habe mir in der That etwas darauf einbilden dürfen, eine doppelte Salvegarde unten am Hofthor und oben beim Hause gehabt zu haben, um ja nicht bestohlen zu werden. Ich konnte aber den General nicht sprechen, weil gleich bey meiner Nachhausekunft einer seiner Bedienten mir entgegen kam, der mir anzeigte, daß der Herr General auf Kosten der Gemeinde hier lebe, und daß sogleich die Bürgermeister An-
stalt

stalt machen, und Hühner, Enten, Gänse, Kopaunen, Hammel, Wein u. d. gl. herbei schaffen sollen. Der Kerl gieng selbst, und ich mußte ihn führen. Unterwegs sagte ich ihm, daß hier von diesen Gattungen nichts mehr aufzutreiben sey, weil die Republikaner schon alles geraubt und aufgezehrt hätten, den Wein aber laufen liessen. Dieser Mensch war seiner Gesichtsbildung und Sprache nach ein französischer Jude, und eine Erzbestie *). Doch lies er sich in seiner Forderung in so weit lenken, daß er sogleich sagte: der Herr General habe ein Fäßgen Wein, und wolle sehen, daß er ihn überrede, und solches hergebe, im andern soll ich sehen, was ich thun könne **). Als ein Jude glaubte er bey der Gemeinde einen Schmuß zu verdienen, und darauf verstund ich mich nichts. Ich schaffte mit genauer Noth ein Schaaf herbei, das übrige aber war nicht aufzutreiben. Endlich war ich im Stand, den General

*) Er soll, wie ich nachher erfuhr, in der Gegend um Weisenhorn gefangen worden seyn. Vielleicht war er sein Spion.

**) Dieses Fäß'gen Wein hat der große Herr General Duhem in Augsburg mitspazieren laßen, ohne Zweifel weil ihm solches gerade gelegen war.

neral zu sprechen, und sah, daß man ihm sein Nachtlager gerade in das Zimmer machen mußte, wo meine Bibliothek steht. Nun stellte ich mir nichts gutes vor, aber es wurde mir kein Buch verrükt, und wars also zufrieden. Ich mußte noch einmal mit diesem Juden gehen, und nahm Gelegenheit zu fragen, wie dieser General heiße. Duhem *), antwortete er mir, und sagte: dieß ist ein großer General, und als solcher muß er auch standsmäßig behandelt und bedient werden. Nach meiner Zurükkunft gieng ich wieder zu ihm ins Zimmer, traf ihn mit seinem Adjutanten mit der Burgauischen Landkarte beschäftigt an, und sah diesen großen General recht an. Wahr ists, körperliche Größe hatte er, und war um einen Kopf länger als ich, aber in seinem Betragen fand ich ihn als einen wahren Kindskopf, und manchmal Narren. Ich warf nur ein bis'gen einen Blik mit meinem kurzen Gesicht in die Burgauische Landcharte, als er vor Zorn entbrannte, und doch mußte er mich

---

*) Sein Name ist Philipert Wilhelm Duhem. Vorher war er 1791 Hauptmann, dann Bataillonschef, Brigadegeneral, und endlich Divisionsgeneral. Ohne Zweifel war er vorher ein Advokat oder Rabbist gewesen. Gottes Wunder! sagt der Jude.

mich den andern Tag fragen, wie weit es von Biburg nach Burtenbach sey, und wo der Weg zugehe. Ich wußte also wo er seinen Marsch hinnahm. Darauf diktirte er, als ich wieder bey ihm war, einen Brief, worinn er meinen Namen, aber falsch — wie die Franzosen teutsche Namen gemeiniglich verhunzen — nannte, und wo er sich sehr kindisch dabey verhielt. O des Thoren! dachte ich, und dieß soll der große General seyn! wenn die Franzosen, machte ich ferner bey mir die Bemerkung, lauter solche Generals haben; so kann ich nicht begreifen, wie die sogenannten Republikaner soweit in Baiern und überhaupt in Teutschland haben eindringen können, ohne nicht ganz zernichtet worden zu seyn. Noch einen Narrenstreich bewies er; als ich den Gemeindsführer Joseph Gumpinger, auf Ansuchen des republikanischen Juden holen ließ, und dieser zu ihm noch während dem Diktiren ins Zimmer hinein trat, um zu hören, was er befehle; so wurde er so rasend, sprang in die Höhe, stampfte mit den Füßen, und fuhr so wild an diesen unschuldigen Mann hin, der mich bey ihm anzutreffen glaubte, daß dieser auf zwey Schritte die Stiege hinunter sprang, und vor Schrecken wie eine Leiche aussah.

Meiner

Meiner bemächtigte sich dabey kein Schrecken, als ich dieses wilde Getöse hörte, aber ich enthielt mich seiner Gesellschaft, um nicht gleiche Wuth zu sehen, die mich sonst in die nämliche Lage versetzt haben würde. In der Nacht wurden die Schlüssel zum Obst verlangt, worüber ich sagte, daß ich dabey seyn müßte. Dies brachte den wilden, garstigen Juden in eine solche Hize, daß er mir einen Stoß gab, worüber ich ihn ohne anders in gleicher Hize ins Feuer auf dem Heerde, geworfen haben würde, wenn ich nicht von 6 bis 8 aus dem Chasseurs übermannt worden wäre. Wir sind keine Diebe, keine Betrüger, Herr! schrie der diebische Jude; aber bald werde ich zeigen, daß ich Diebe beherbergte, denen ich alle mögliche Ehre erwieß. Ich verlies diese Bande, und blieb ruhig in meinem Zimmer, ohne Bier, ohne Brod, und hatte 18 Stunden lang nichts genossen. Speißgewölbe, Keller und alles mußte ihnen freygelassen werden, denn der Jude pflegte zu sagen: es ist des Hrn. Generals Eigenthum, und was verbraucht wird, muß Ihnen die Gemeinde vergüten. Alles stürzigte auf die arme Gemeinde hin, um sie vollends zu unterdrücken, und zu Grunde zu richten. Mehl, Schmalz, Butter und Eier wurden verbraucht,

D                und

und was nicht verbraucht wurde, nahmen sie entweder mit, oder gabens ihren in meinen Gärten zerstreut gelegenen Spiesgesellen, wo alles voller Pferde herumlag, und Heu, Grummet, Haber und Stroh in Menge genommen wurde. Doch waren sie so höflich, daß sich keines meiner Leute bemühen durfte, solches herzugeben, sie nahmen alles selbst, und so viel sie wollten, daß mir beynahe nichts übrig blieb. Das Geflügel wurde durch die Räuber entwendet, und bald nachher traf mich auch das Unglük, daß ich durch die eingerissene leidige Viehseuche mein Vieh verlor, und mich durch jenen Umstand von den nothwendigsten Viktualien, des Schmalzes, des Butters und der Eier entblößt sahe. Morgens um 1 Uhr hörte ich blasen, und verkündigte mir zu meiner Freude den baldigen Abschied. Um 2 Uhr am 21. September Morgens fieng auch wirklich der Marsch an, und dauerte bis gegen 7 Uhr, wo nur an meinem Haus vorbey auf 20,000 Mann Kavallerie und Infanterie gegen Dinkelscherben zu marschirten, und mein Haus bis auf wenige von den ungebetenen Gästen ebenfalls geleert wurde. Der General Duhem war noch mit einigen Offiziers und Chasseurs da, brach aber bis 7 Uhr auch auf, und verlies mich.

Noch

Noch vor er gieng, verfügte ich mich zu ihm, und fand ihn sehr traurig und niedergeschlagen. Ich vermuthete, der frühere Abzug, den er noch etwas länger entfernt zu seyn glaubte, sey die Ursache seines tiefen Nachdenkens und seiner Traurigkeit gewesen, dem hingegen der ausgeraubte und mißhandelte Landmann mit größter Sehnsucht entgegen sah, denn wer wird Freude und Wohlgefallen an Ungeheuern finden? Ich athmete um viel freyer, als ich dieser lästigen Gäste los wurde. Allein zu meinem gerechten Verdruß mußte ich nach ihrer Abreise sehen, daß ich von des Generals Duhem eigenem Personale ein Opfer wurde. Die silbernen Bestecke, womit ich auf Verlangen den großen General und seine hohen Offiziers bediente, Geld, Letlacher, Salveten, Kopfküssen, bis auf alle Marktschlösser und Bálbiermesser waren hin, den Keller aber, wo diese Buben noch den übrig gebliebenen Burgunder Wein laufen ließen, wühlten sie, troz den Schweinen, um, in der Meinung etwas untergrabenes in demselben zu finden. Diese Beraubung schrieb ich nichts anders zu, als weil ich mich standhaft gegen die versuchte Ausschweifungen sezte, und sie — vereitelte, worauf allenfalls

D 2 die

die Rache folgte: Doch anderer Orten *) haben sie ein gleiches gethan, und dieses brachte dem General Duhem wenig Ehre.. Der schon oben angeführte Schlipsheimer Müller, Joseph Krauß, erlag abermals an diesem Tag unter der Last der Räuberbande, und nahmen ihm alles, was ihm das erstemal noch übrig blieb, und auch das, was er sich innerhalb den vier Wochen an Viktualien zum nöthigsten Lebensunterhalt noch erkaufte. Er bekam eine Salvegarde, als er schon ausgeraubt war. Was also am 19. die Republikaner übrig ließen, das nahmen sie vollends am 20. September, erbrachen alle Kästen, Truhen, Zimmerthüren, leerten alles aus **), ließen die Fässer mit

*) In Freiburg im Breisgau gieng die Unverschämtheit dieses Generals eben so weit, und weils eine Stadt war, noch weiter. Sie nahmen mit, was ihnen behagte, und verlangten 20 Pfund Zuker, 16 Pfund Kaffee, 16 Pfund Reiß, 18 Stük Zitronen, 50 Bouteillen Champagner und 30 Bouteillen Muskatwein, und dann noch einmal 50 Bouteillen Champagnerwein, die der General standsmäßig einpakte, und mitnahm. S. Duhem der französische Divisions-General zu Freiburg im Breisgau S. 7. u 8.

**) Der Schaden, den der hiesige Landmann erlitten, wurde gerichtlich aufgenommen, außergerichtlich hingegen ist er von manchen gewaltig übertrieben worden.

mit Bier laufen, und zerhieben sogar die Teichel, wodurch das Wasser in das Dorf geführt wurde; daß es auf 4 Tage hindurch keinen Tropfen laufendes Wasser in dem Dorfe mehr gab. Alle Brunnen wurden gänzlich erschöpft, so daß ein Marketendersweib zu mir kam, und mir für ein Schäfgen Wasser 6 Bazen bot, das ich ihr aber aus der Küche, weil der Brunnen kein Wasser mehr gab, umsonst reichte. So erschreklich handelten Ihre Leute an demselbigen Tag! Was Wunder! wenn man sie scheute, und in den tiefsten Abgrund verwünschte! Am Abend spät fiel es einem Chasseur und dem Koch des General Duhemo noch ein, nach einem Bürgermeister zu schiken, um dem General 15 Pfund Kaffee und 15 Zucker zu verschaffen. Von und auf

einem

am dritten Theil noch Gewinn genug haben. In einem gewissen Haus, wo der Schaden über 3000 fl. angegeben wurde, zeigte man mir leere Kästen, welche die Franzosen ausgeleert haben sollen, und sagte: Dieser Jaken ist mir noch geblieben, das übrige aber alles von den Franzosen genommen worden, und doch erschien man bey der Gemeindsrechnung im Gallakleid! wie reimte sich das mit dem erstern Vorgeben? Der Mann dachte, man habs vergessen, oder könnte sich nicht mehr erinnern, was er vorher nur lächelnd sagte. Man zeichne sich durch Wahrheit aus!

einem Dorf ein närrisches Verlangen, und doch mußte es vollzogen werden. Allein nach Augsburg zu gehen, war nicht möglich, theils weil die Brücken abgerissen worden sind, theils weil man bis dahin durch eine Kette von Räubern hätte passiren müßen, die entweder das Geld, oder Zucker und Kaffee genommen hätten. Der Bürgermeister, Lorenz Feierabend, suchte also diese unerlaubte Requisition in Geld zu verwandeln, und mußte 30 fl. dafür erlegen, die ich, um unpartheyisch zu seyn, dem Chasseur und Koch in meinem Zimmer vorzählte und übergab. Der General wußte schwerlich ein Wort davon, sondern diese Buben theilten dieses Sündengeld unter sich. Für den Hainhofischen Jäger, Donatus Müller, mußte ich bey dem General um eine Salvegarde bitten, er wies mich an die Wache, und diese an den nämlichen Chasseur. Was bezahlt er dafür? war die Frage, ich weis nicht, was er verlangt, war die Antwort. Zwey dicke Thaler, das ist, französische Thaler, worauf ichs demselben wissend machte, und sie auch gerne gab, denn es war die Noth da, wenn ihm nicht alles eingerissen und eingeschlagen werden wollte. Mir war bange, weil man aus der Erfahrung hatte, daß die Salvegarden der Republikaner,

blikaner, Gelegenheit nahmen, selbst zu rauben, aber er war mit derselben zu meiner Freude sehr zufrieden, und der Mensch war seiner Pflichten, die ihm oblagen, eingedenk. Wann ist jemals unter den kaiserlichen Völkern für eine Salvegarde eine Belohnung verlangt worden? nur unter den Republikanern muß Interesse und Hunger und Beschäzerei jede gleich groß seyn, und gleich stark ausgeübt werden. Für die Heerde Rindvieh, die sie wegtreiben wollten, ließen sie sich mit 5 fl. 30 kr. befriedigen, das aber durch einen Offizier bewerkstelliget wurde, sonst würden sie ohne anders dasselbe weggetrieben und zu Geld gemacht haben, was sie nicht mehr hätten verschlingen können. So wurde ich auch sehr oft von hiesigen Personen gebeten, bey dem General ein Wort für sie zu sprechen, damit er den Räubern Einhalt thun sollte, aber ich mußte sie mit den Worten abspeisen, mit Rindsköpfen sey nichts anzufangen, denn ein Sekretär von einem Kriegskommissär sagte mir schon: es sey eben jezt Krieg, und General Duhem drehte sich um, und — schwieg. Und was hat all dieses genüzt? Die eingeführte verdorbene Gleichheit hinderte die Subordination. Ich stand öfters dabey, wenn ein zerrissener, schwarzbrauner Republikaner, der von einem Jauner

ner in nichts unterschieden war, sagte: was Offizier! was General! ich auch bin Offizier! ich auch General! Offizier Hundsfott! General Hundsfott! Was läßt sich da Gutes erwarten?

Nachdem am 21. September um 7 Uhr beinahe alles von den Franzosen geräumt war, und man sicher zu seyn glaubte, kamen nach hintennach die Chasseurs, die auf den Vorposten lauerten. Vor diesen war abermals kein Haus sicher. Ein Adjutant von einem General kam zu mir, und verlangte für den leztern etwas zu Essen und etwas zu Trinken. Ich sagte ihm, daß ich nichts hätte, weil ich von des Generals Duhem eigenem Personale ausgeraubt worden sey. Er ließ sich abweisen, und gieng mit Verwunderung über diese Unverschämtheit, und mit dem Ausdruck: er wolle das schlechte Betragen von Duhems Leuten anrühmen, von mir hinweg. Die Ungeschiklichkeit eines einfältigen Hausgenossen, der bei den Franzosen gewann, statt verlor, ließ gleich darauf einen Chasseur herein, welcher unter dem Vorwand Heu vom Boden verlangte, um durchsuchen zu können, ob nichts verborgen liege. Allein ich verrammelte die Thüren, ließ ihn nicht herein, und sagte zu ihm, hier sey kein

Heu,

Heu, sondern im Stalle. Er gieng hinauf, schmies Heu herunter, band es zusammen, nahms aufs Pferd, und — ritt davon, und nun hielt ich alles verschloßen, und lies keine Seele mehr herein. Allenthalben wurden in den Häusern die Fensterladen zugeschloßen, und alles verbarg sich vor den Räubern, so gut es seyn konnte. Allein ganz leer gieng es gleichwohl nicht ab, und wo sie nichts nahmen, beschäzten sie die Leute. Endlich um 2 Uhr Nachmittags kamen die lezten Chaßeurs, und das Dorf war, Gott sey Dank! nun ganz von den Franzosen oder Republikanern, oder Jakobinern, oder Unholden gereinigt, daß man nicht wünscht, sie noch einmal zu sehen. Noch ein Beyspiel müß ich von des General Dubenis Adjutanten anführen, das diesen Mann auf einer rühmlichen Seite auszeichnete, wie er sich auch selbst während seinem Aufenthalt bey mir, sehr bescheiden verhielt, und sich in meiner Abwesenheit gegen die Ausschweifungen sezte. In Dinkelscherben trug sich zu, daß ihm ein Räuber entdekt wurde. Der Adjutant, ein Mann von Gefühl, der sich vielleicht schon lange Bemerkungen über dieses Verfahren sammelte, der ohne Zweifel einsahe, daß dergleichen Handlungen, der Nation nicht nur zu keiner Ehre gereichten, son-

dern auch das Unglük der Armee beförderten, und
nothwendig Aufstand und Selbsthülfe rege machen würden, wollte an diesem Ungeheuer ein
Exempel statuiren. Er durchsuchte seine Sachen,
und fragte ihn bey jedem Stück, ob das sein ge-
höre? log er, so bekam er eine derbe Maulschelle,
und da der Lügen viel waren, so wurden auch der
Maulschellen viele. Endlich mußte er sein geraub-
tes braunes Kleid, das er mit dem seinigen, so
vermuthlich voll Lumpen gewesen seyn wird, ver-
wechselte, ausziehen, und ohne dasselbe fort. Geld
fand er nicht viel bey ihm, das er aber vorher
schon einem seiner Mitgenossen in der Räubers-
zunft in Verwahrung gegeben haben wird. Der
rechtschaffene Adjutant drang darauf, die Plün-
derungen von nun an einzustellen und aufzuheben,
und die Unterredung hierüber geschah in Burgau.
Die Chasseurs, von dieser Sache unterrichtet,
und noch nach mehrerm Raube begierig, sahen
dies für Eingriffe in ihre Räubersgerechtsame an,
und mußten ohne Zweifel schon vorher gegen ihn
eine Feindschaft gehegt, und allenfalls auch ein
Komplot zusammen verschworen haben. Sie
warteten den Zeitpunkt ab, sich zu rächen, als
der gefühlvolle Adjutant, der das Menschenelend
mit mitleidsvollen Blicken betrachtete, aus dem

Gast-

Gasthof zur Krone in Burgau, ohne etwas böses zu ahnden, ritt. Plözlich sah er sich von den Chasseurs umringt, die auf ihn mit voller Wuth einhieben, und ihn so grausam verwundeten, daß er vom Pferde sank, und an der Rettung seines Lebens gezweifelt wurde, besonders da er auch drey Stiche in den Unterleib bekommen haben soll. Bey Ankunft der Kaiserlichen wurde dieser Vorfall dem Hrn. General Grafen von Latour kaum bekannt gemacht, als er befahl, alles mögliche anzuwenden, und nichts ermangeln zu lassen, um diesen Mann zu retten, es werde alles bezahlt werden. Er schikte zu ihm, und lies ihn fragen, ob er einen französischen oder kaiserlichen Feldscherer wollte, er blieb aber bey dem erstern, und behielt auch seinen Bedienten bey *). Bürger Direktoren! lauter solche Männer sollten Sie nach Teutschland geschikt haben, dann hätten Sie Ehre davon gehabt, aber durch

*) Auch der General Dolme und sein Adjutant zeichneten sich durch ihr rechtschaffenes Betragen bey dem Hrn. Oberpostmeister von Haysdorf in Augsburg aus: Seine Leute waren hingegen desto ungezogener, und bestahlen den Hrn. Oberpostmeister, der General aber, bey dem er sich beklagte, durfte nichts sagen, denn es war ja Gleichheit eingeführt. Wie muß dies einen ehrlichen Mann schmerzen!

durch Räuberhorden erlebten Sie Schande, und den Fluch edler und biederer Teutschen, der nun auf Ihrer Nation als ein ewiges und unzerstörbares Monument ruhen, und Jahrhunderte diesen Schandflecken den Nachkommen verkündigen wird. Sie zerstörten die prächtigsten Monumente Ihrer Könige, die Glanz auf Ihre Nation verbreitet haben, aber dieses Monument, das Ihnen Ihre Räuber bey den Teutschen gesezt haben, löscht kein Zeitalter mehr aus.

Heiter war die Gesichtsbildung des friedlichen Landmanns, als er wiederum die kaiserlichen Völker erblikte. Allein die Angst und der Schreken waren noch nicht vorüber, und traten gleich wieder ein. Am 22 September erschienen die Kondeer, ein dem Raub und allen Grausamkeiten eben so stark und beinahe noch stärker ergebenes Volk, als ihre Brüder, die Republikaner. Sie stammen von einer Nation ab, mithin sind ihnen auch gleiche Neigungen eigen. Der Prinz Konde hat zwar an Räubereien und Grausamkeiten, welche sein Volk allenthalben ausübte, und allenthalben gleiche Klagen geführt wurden, kein Wohlgefallen, und sind durch ihn verboten, aber es scheint, die republikanische Gleichheit sey auch in die Seelen der Kondeer

deer gewandert. Hier ritten sie in den Häusern herum, wollten, troz ihren vortreflichen Brüdern den Republikanern, gut zu essen und zu trinken, suchten Pferde auf, nahmens, wenn sie es erhaschten, mit, peinigten den Landmann mehrere Tage mit dem Vorspann, in der Absicht, denselben müde zu machen, um Pferde und Wagen an sich als ein beschäztes Eigenthum zu ziehen. Gänse, Enten, Hühner, Eier, Schmalz, Butter, waren ihre nämlichen Bedürfnisse, wie der Republikaner, und ihre Brutalitäten so unverschämt wie dieser. Begierde nach Mord ist in der meisten Augen zu lesen, und im Sengen und Brennen scheinen sie große Erfahrungen zu haben. An eben dem nämlichen Tag wagten es 4 Kondeer. bey dem Sternwirth Johann Michael Meyer, Gewalt anzulegen. Der Wirth sprach mit ihnen zum Kammerfenster heraus, und sagte: daß er schon sein Quartier habe; sie sollten gehen, als unten einer stand, und mit dem Bajonet an der Wand gegen ihn herauf stieß. Sie schlugen ihm die Fenster ein, und drohten zu zünden. Ungeachtet dieser Drohungen lies er sie nicht hinein, und sie schlugen am Stadel wirklich Feuer. Man schrie Feuer! Mord! und ein kaiserlicher Offizier eilte von der

von

vorüberstehenden Tafernwirthschaft herbei. Kaum erblikten sie ihn, als sie sich schnell unsichtbar machten, und ihren Weg weiter nahmen. Bey dem obern Wirth Matthias Sommer suchten sie die Ställe nach Pferden und sogar auch das Bakhaus aus, und zum Glük waren sie nicht vorhanden. So haben sich auch die Kondeer auf keiner rühmlichen und vortheilhaften Seite ausgezeichnet, und würden eben so arg mit dem schuldlosen Landmann verfahren seyn, als die Republikaner, wenn nicht kaiserliche Offiziers ihre Aufseher und Friedensstifter gewesen wären. Dies trug sich in Biburg zu, und Biburg hat vom Anfang Augusts bis Ende Septembers viel gelitten, viel Angst, Furcht, Schreken, Sorgen und Kummer ausgestanden, und keine Ruhe genossen.

Bürger Direktoren! erlauben Sie nun, ehe ich Sie verlasse, daß ich nur noch einige Anmerkungen machen darf. Vielleicht war es nicht Befehl, daß Ihre Krieger rauben und plündern sollten. Allein ob nicht der Grund zu diesem Handwerk in dem ausgebliebenen oder entzogenen Sold liegt? Sobald die Republikaner bey Kehl über den Rhein waren, und den teutschen Boden betraten, sogleich hatte auch ihr Sold mit
dieser

dieſer für Schwaben und Baiern traurigen Begebenheit ein Ende. Es war ihnen, des freien Durchzugs ungeachtet, nicht genug, ihren Magen und Wanſt mit Lekkerbiſſen zu füllen, ſondern ſie wollten auch ihren Beutel bereichern, und ihre Blöſe bedeken. Dies wurde man an ihren langen bunſchekigten Ueberhoſen gewahr, die von lauter geraubten Bettziechen verfertigt waren, diejenige aber, denen die Gelegenheit und das Glük noch nicht günſtig genug waren, dergleichen Bettziechen zu erhaſchen, waren zu bedauren, weil ihnen das Hemd zu den Beinkleidern heraus hieng. In der That, ein gräußlicher Anblik! ein Anblik, der Ihr Militär auf keiner rühmlichen Seite auszeichnete. Es waren Freiwillige, möchte Ihre Entſchuldigung ſeyn, und ich ſage, es waren liederliche Schurken, die ſich vom ſauern Schweis des Landmanns bereichern wollten, weil ſie zu Hauſe ſchon nichts nüze waren. Oft hörte ich unter den Gefangenen den fleiſſigen und brauchbaren Menſchen ſeufzen und ſich nach Hauſe ſehnen, um ſeine Eltern und überhaupt ſeine Familie durch ſeiner Hände Arbeit unterſtüzen zu können, Thränen rollten manchem über ſeine Wangen, und preßten ihm den Wunſch nach Frieden aus. Allein

der

der liederliche Schwelger, der seiner Familie, seinen Nachbarn zur Last fiel, dächte nicht nur nichts dabey zu verlieren; sondern es war ihm ein angenehmes Tagwerk, andere Familien zu Grunde richten, und seiner Schwelgerei freien Zaum und Zügel lassen zu können. Es muß also kein Verbot wegen dem Rauben an diese Horden ergangen seyn, und der ihnen entzogene Sold war die nächste Bestimmung zu demselben. Dies gereicht Ihnen, Bürger Direktoren! zum gerechten Vorwurf. Die glänzende Proklamationen Ihrer Generale versprachen zwar viel, aber die Wirkung fehlte. Sie waren fein ausgedachte Lokspeisen, um den Landmann zu bethören, daß er nichts fürchtete, wodurch die Räuber mehr bekamen. Wie konnten sie aber von Wirkung seyn, wenn keine Subordination festgesezt ist? wenn der General, wie der Gemeine, eine und eben dieselbe Person ist? Dies rührt von Ihrer höchstlächerlichen Gleichheit her, die Ihre jezt noch schimärische Republik gewiß nicht gründen, sondern vernichten wied. Mancher wird sagen, ich auch bin Direktor, wie sie sagten, ich auch bin General, ich auch Offizier, und scheuten sich nicht, tapfer auf dieselben zu schimpfen. Von eben dieser Gleichheit

heit kann man die häufigen Räuber und Mörder in Paris und überhaupt in Ihrer Republik — ich nenne sie so, ob sie gleich ihre gehörige und feste Existenz noch nicht hat — herleiten. Sie wollen nicht ärmer seyn, wie andere, und suchen den Reichen ihm gleich zu machen, wenn sie ihm das seinige rauben. Eben diese Gleichheit mag auch die unter Ihnen herrschende Uneinigkeiten befördern, Uneinigkeiten, welche den noch schwachen Grund Ihrer Republik erschüttern, daß er niemals Festigkeit erhalten wird. Noch wird dieselbe beunruhiget; aber nicht von Feinden, wie Sie vorgeben; sondern von Edeldenkenden, welche die republikanische Thrannen kennen, und derselben müde sind, und dieses Joch abschütteln wollen. Wie kann also Ihre Republik Festigkeit haben? wie bekommen? Wenn das Reich mit ihm selbst uneins ist, wie wird es bestehen? Die Vernunft soll die Stelle der Religion vertreten, und Mädchen, als Göttinnen der Vernunft, sollen die Altäre zieren, und sollen von jungen Lekern angebetet und verehret werden. Die Vernunft soll erhoben und die Religion vernichtet werden. Doch ist zum Glük dieses nicht allgemein eingeführt; und nur bey den Jakobinern herrschend, welche die Vernunft samt der Religion entheiligen und entweihen, die erstern durch eine überspannte Erhöhung, die andere durch eine allzutiefe Erniedrigung, die bis an Verachtung gränzt. Wo sind Ihre Künste? wo Ihre Geseze? wo Ihre Sitten? wo Ihr Handel? wo Ihr Akerbau? wo Ihre Reichthümer? wo Ihre Bevölkerung? wo Ihre Kirchen, wo Ihre Palläste? wo Ihre prächtigen Monumente? wo Ihr Ruhm? wo Ihr Wohlstand? wo die gelehrte Bemühungen Ihrer Vorfahren? Sie sind dahin, der Schreken hat sie gefressen, und die eingetretene Barbarey zu Grunde gerichtet. Ist Ihre Nation nicht tief! tief! sehr tief gesunken? Statt der Grabhügel wird sie einst Schande bedeken. Sollte Sie zu all diesem noch eine schimpfliche Gleichgültigkeit beseelen? Sollten Sie noch länger den Vorwurf ertragen können, seit Ihrer Revolution bis hieher Unwissenheit und Barbarey verbreitet zu haben? O Schande! Schande, die ewig auf Ihrer Nation ruhen wird, und die Ihre edle und gutgesinnte Nachkommen, in Erz tief eingegraben, verewigen werden, um ein Andenken jener Zeiten zu haben, in welcher ihre Vorfahren in die Zeiten der Barbarey und des Unglaubens zurük getreten sind.

Sie

Sie haben, Bürger Direktoren! keine Krieger, sondern Räuber und Mordbrenner nach Teutschland geschikt, welche die grausamsten und schrekbarsten Anblike rauchender Städte und Dörfer nach sich liessen, und dadurch auf immer arme, unglükliche, und mitleidswürdige Familien machten. Sie können sich nicht rühmen, daß diese Horden Heldenthaten ausübten, nicht rühmen, daß sie Siege erfochten haben, aber das können Sie sich rühmen, daß Sie die Siege und Fortschritte in allen Feldzügen gröstentheils mit Gold erkauft und aufgewogen haben. Der siegreiche Erzherzog Karl erschien, und mit dessen Ankunft erhielten auch Ihre Siege eine ganz andere Wendung, die Lorbeerzweige wurden Ihnen aus den Händen gewunden, und in Karls Heldenkrone gebunden. Besiegt, wüthend, tobend, verheerend giengen sie also zurük, diese elende Krieger, und was ihre Thaten waren, das waren fürchterliche Verheerungen, die sie allenthalben als eben so viel traurige Spuren von ihrem verwünschten Daseyn hinter sich liessen. Von solchen Verheerungen und Grausamkeiten ist Ihre Geschichte, die Geschichte Frankreichs, durch alle Jahrhunderte durchwebt, und in jedem Jahrhundert war sich Ihre Nation

tion immer gleich an Treulosigkeit, Leichtsinn, und Grausamkeiten, und von mehr als dritthalbhundert Jahren her, der Feind des kaiserlich erzherzoglichen Hauses Oesterreichs. Selbst im innern Ihrer Staaten sah man tägliche Grausamkeiten, welche durch die unselige Revolution erregt wurden, und Greuelthaten, welche die Menschheit entehrten, und sich bis auf Ihren sonst von Ihnen angebeteten König Ludwig den XVI. und die königliche Familie verbreitete, die — ein Opfer werden mußten. Alle diese begangene Laster wird die Geschichte nicht mit Dinte, sondern mit Blut aufschreiben, und die Unschuldigen werden diese Geschichte mit ihrem Blut versiegeln, und werden Rache über ein Volk von ihrem Schöpfer fordern; das Millionen Menschen zur Schlachtbank führte. Vielleicht ist jezt das Maas der Sünden Ihrer Nation voll, daß sie zum Frieden greift. Der edlere Theil wünscht ihn, aber Sie wollen ihn nicht geben, und fordern, was Ihnen nicht gehört. Der biedere Teutsche hat nun die Tapferkeit Ihrer Krieger gesehen, und weiß nun, was er zu thun hat, wenn sie es wieder wagen wollten, sein Vaterland zu verheeren. Ein allgemeiner Landsturm wird sie zernichten, diese Räuber und rannenſchte Ungeheuer, um das Vaterland zu retten, ſein Eigenthum zu ſchützen und ſeine Familie vor den ſchändlichen Ausſchweifungen ſicher zu ſtellen. Der Teutſche wird ſeine Stärke, ſeinen Muth zeigen, und elende Weichlinge niederſtreken, da er nun ihre Abſichten kennt. Abſichten, welche nur auf den Ruin ſeines Vaterlands gegründet ſind, auf deſſen Trümmern die Republikaner ſtolz wandeln zu können ſich ſchmeichelten. Nein, Bürger Direktoren! der erſte gelungene Verſuch hat den zweiten, wenn ſie ihn wagen wollten, vereitelt. Aber wundern Sie ſich darüber nicht, wenn es geſchieht, ſondern ſuchen Sie den Grund davon in ihren äuſſerſt ſchlechten Handlungen, in ihren Ausſchweifungen, in ihren Vergehungen und Greuelthaten. Allein möchten doch alle Mächte ihren Freiwilligen das Rauben, Plündern, Morden, Sengen und Brennen als eine Barbarey, die unter geſitteten Völkern und in unſern Zeiten nicht mehr herrſchen ſollte, bey Lebensſtrafe verbieten. Möchte doch der Soldat gegen den Bürger und Land-

Art mishandeln lassen zu dürfen. Möchten doch die Vorgesezten, die Offiziere, ein wachsames Auge darauf haben, und die Klagen, die man ihnen vorbringt, beherzigen, und zeigen, daß Subordination unter ihnen herrsche, und daß es ihnen heilige Pflicht sey, solche aufs strengste zu beobachten, und den Bürger und Landmann zu schüzen. Der Krieg führt ohnehin alle Lasten mit sich, und bedarf keiner noch größern und drükendern Plagen, die Mismuth erregen und solchen vergrößern.

Bürger Direktoren! ich habe des Paulus Worte an die Ephesier: Leget die Lügen ab, und redet die Wahrheit, ein jeglicher mit seinem Nächsten, sintemal wir alle unter einander Glieder sind, zum Motto erwählt, und ich glaube, mich nicht gegen die Wahrheit verfehlt zu haben. Sind einige bitter, und bittere Wahrheiten sind Ihnen schon oft von Ihren eigenen Schriftstellern in Paris gesagt worden — so suchen Sie den Grund in Ihren Kriegern, in den nicht gehaltenen Verträgen, und in den ausgeübten Greuelthaten aller Art, welche jenen Verträgen schnurstraks entgegen liessen. Selbst Ihre Nachkommen werden darüber erstaunen, sie werden Ihnen fluchen, und

dieser

dieser gerechte Fluch wird über Sie kommen, wird Ihre noch in der Wiege liegende, und vielleicht jetzt schon an der Auszehrung arbeitende Republik zerstören. Das werden die Folgen Ihrer Thaten seyn, deren Sie sich rühmen, Ihrer Thaten, die selbst kein barbarisches Zeitalter aufweißt. Ich habe auch keinem den Ruhm der Rechtschaffenheit entzogen, wenn er ihn verdient hatte, aber wenige hatten ihn verdient. Ich wünsche nun — und Millionen wünschen es mit mir — daß Sie dem Kriege durch annehmliche Friedensbedingnisse ein Ende machen mögen, und nenne mich,

  Bürger Direktoren!
  Ihren
    ganz ergebensten Diener
   Georg Wilhelm Zapf,
  Kurmainzischen Geheimenrath.

Biburg, den 1. Hornung
1797.